TRAITÉ PRATIQUE

DE L'ÉTUDE

DES

LANGUES

VIVANTES

PAR SUITE

DE

L'ESPRIT DE FUSION

QUI RÈGNE DANS NOTRE SOCIÉTÉ MODERNE.

BOULOGNE-SUR-MER.

IMPRIMERIE C. LE ROY, 51, GRANDE RUE.

1863.

UTILITÉ PRATIQUE

DE L'ÉTUDE

DES

LANGUES VIVANTES

UTILITÉ PRATIQUE

DE L'ÉTUDE

DES

LANGUES VIVANTES

PAR SUITE

DE

L'ESPRIT DE FUSION

OPÉRÉ DANS NOTRE SOCIÉTÉ MODERNE.

PAR

Émile CUPER.

« Ecce novus sœclorum nascitur ordo. »

⸺ ❖ ⸺

BOULOGNE-SUR-MER.

IMPRIMERIE C. LE ROY, 51, GRANDE RUE.

—

1863.

L'étude des langues vivantes n'a jamais été aussi en vogue que de
nos jours : c'est un goût devenu général , et qui tend presque à absorber
l'attention au détriment des langues anciennes, dont la véritable portée
est aujourd'hui mieux comprise.

Toujours est-il que l'enseignement des langues vivantes (qui était
purement facultatif et surérogatoire dans les établissements d'instruction
publique, lors de la création de l'Université de France par Napoléon 1er ,
et qui était devenu d'abord obligatoire pour l'admission anx écoles du
gouvernement, puis avait pris rang, plus tard , dans le programme des
lycées et des colléges), doit enfin bientôt former une des bases fondamentales de l'enseignement professionnel dont le plan s'élabore en ce
moment. [1]

(1) Nous lisons dans un journal de Paris, *la Nation* , sous la date du 15 sept. 1863 ,
les détails suivants : « On s'occupe activement, au Ministère de l'Instruction publique ,
de l'organisation de l'enseignement professionnel. D'après les informations que nous
avons recueillies , cet enseignement comprendrait les sciences appliquées à l'industrie
et à l'agriculture, le français, la tenue des livres , l'histoire, la géographie, *les langues
vivantes à fond, et de façon à ce que l'élève pût les parler aussi facilement que la langue
maternelle.* On y ajouterait un cours de droit commercial et un cours de morale , pour
remplacer , autant que possible, la philosophie. L'enseignement embrasserait quatre
années, de douze à seize ans. Les écoles professionnelles seraient annexées aux colléges ; mais, pour ne pas retomber dans le vice de la bifurcation , on donnerait des
professeurs particuliers à chacun des établissements. »

Rien n'est plus juste. — La connaissance des langues vivantes est devenue d'une nécessité impérieuse pour l'industrie et le commerce ; et, pour les services publics qui en sont les auxiliaires, tels que la poste et, plus spécialement encore, la télégraphie privée, elle est également une condition essentielle de vitalité et de bon fonctionnement.

Le projet d'un collége international, pour lequel un concours a été ouvert dans toute l'Europe, en mars 1862, par M. A. Barbier, manufacturier à Clermond-Ferrand, se propose, d'une manière bien plus directe encore que l'enseignement professionnel, la vulgarisation des langues étrangères. Nous aurons, du reste, occasion d'en parler.

Déjà, en 1855, M. Eugène Rendu avait soumis au Ministre de l'Instruction publique le plan d'une grande institution qui, sous le titre de *Collége international Louis-Napoléon*, se composerait de quatre établissements connexes organisés par le gouvernement français à Paris, à Oxford, à Rome et à Munich ou à Bonn, et où les élèves, tout en apprenant la langue de chaque pays, pourraient poursuivre, dans les uns comme dans les autres, un cours uniforme et complet. — Le Ministre de l'instruction publique (c'était alors M. Fortoul) accueillit favorablement le mémoire de M. E. Rendu ; mais les choses en restèrent là, et il n'a fallu rien moins que la proposition de M. Barbier pour faire revivre cette idée féconde.

Espérons que ce projet de conception toute française, malgré les difficultés incontestables qu'il aura à surmonter dans l'application, aura néanmoins une prompte réalisation.

La question des langues vivantes est donc une question importante et, de plus, pleine d'actualité.

Par quel enchaînemeut de causes cette partie de notre enseignement a-t-elle pris, en un demi-siècle, des proportions si considérables et toujours croissantes ?

Un fait de ce genre ne peut provenir que d'un changement radical dans l'état matériel, moral et politique de notre société moderne, et nous avons voulu l'étudier, c'est-à-dire remonter à son origine et en suivre avec attention les développements successifs.

Ce désir naquit primitivement en nous de considérations prises de notre position même. — L'administration des lignes télégraphiques, en effet, désire vivement depuis plusieurs années, et avec raison, que les agents qui font le service des stations possèdent quelques notions usuelles des quatre principales langues de l'Europe admises dans la rédaction des télégrammes. Or, il n'est guère possible, en dehors de cet âge où l'on apprend tout par voie d'autorité, de se livrer aveuglément à une étude quelconque, sans chercher à se rendre préalablement compte de son but et de son degré d'utilité. C'est ce que nous avons voulu faire, dans la pensée personnelle d'asseoir nos efforts sur un fondement solide, c'est-à-dire sur une conviction raisonnée de l'utilité pratique de cette étude. L'investigation, d'ailleurs, est chose naturelle à l'esprit humain. L'ouvrier, à peine en contact avec le métier sur lequel il travaille, ne cherche-t-il pas à savoir quelle en est la destination, de combien de parties ce métier se compose, quelle est leur importance respective, et par quelle habile disposition chaque organe donne le mouvement à l'autre ? De la contemplation du mécanisme sa curiosité s'élèvera jusqu'au principe qui lui donne la vie, il voudra connaître la nature de la force motrice et les lois suivant lesquelles elle agit. Il n'en est pas autrement de l'observation des phénomènes de l'ordre moral, et nous avons procédé absolument de la même façon. Nous avons ainsi laissé entraîner notre esprit tout naturellement à un courant d'idées qui s'élargissait par la méditation, et ce n'est qu'une fois arrivé au terme que nous avons vu, en regardant en arrière, tout le chemin que nous avions fait.

Cet ouvrage n'a donc point été écrit d'après un plan conçu exactement à l'avance et avec les propositions qu'il a aujourd'hui. C'est le résultat de quelques pensées recueillies dans une promenade ou pendant quelques heures de loisir passées dans un cabinet de lecture ou dans une bibliothèque publique. C'est le fruit de notes éparses, écrites le plus souvent entre deux dépêches, au milieu du silence du bureau qui nous rappelait les heures si fécondes des dernières années scolaires. Lorsque penché devant notre appareil, confident discret de nos pensers solitaires, nous jetions çà et là sur le papier nos premières remarques, nous ne pensions guère que ces timides élucubrations, coordonnées et réunies en un tout, finiraient par produire un volume et auraient un jour quelque publicité.

Nous soumettons humblement ce travail à l'appréciation de tous les esprits qui aiment à pénétrer jusques au fond des choses, et qui envisagent le beau côté de notre siècle ; à ceux qui désirent voir l'enseignement de nos établissements d'instruction publique devenir, en général, plus pratique ; à tous ceux plus particulièrement qui cherchent à faire progresser le goût de l'étude des langues vivantes, — et même, enfin, à toutes les personnes qui sont préoccupées des moyens de perfectionner le service privé de la télégraphie, qui a quelque intérêt à cette extension. Nous faisons appel à leur bienveillance dans une œuvre qui, par la nature du sujet, a l'inconvénient d'être littéraire.

> « *Verùm ubi plura nitent in carmine, non ego paucis*
> « *Offendar maculis . . . .* »

Nous nous reposons avec confiance sur ce mot d'Horace. Leibnitz avouait qu'il n'y avait pas de si mauvais livre dont il ne tirât quelque profit. N'aurions-nous réussi à mettre au jour qu'une seule pensée utile, que nous nous regarderions comme trop heureux ; car la seule chose que nous ambitionnions est de montrer que nous avons, dans la mesure de nos forces, un désir sincère d'apporter notre modeste pierre à l'édifice de l'enseignement national, par la manifestation de vérités tendant au développement de l'étude des langues.

PREMIÈRE PARTIE.

ESPRIT DE FUSION

DE

NOTRE SOCIÉTÉ MODERNE.

« Ecce novus sæclorum nasci'ur ordo. »

I.

Parmi les caractères distinctifs de notre époque, il en est un
qui apparaît de plus en plus net et précis aux yeux de tout obser-
vateur : c'est l'élan de presque toutes les forces vives de la société
vers des résultats matériellement utiles ; c'est un impatient besoin
de jouir qui ne se lasse pas de chercher le mieux, même après
avoir trouvé le bien, et qui gagne de proche en proche tous les
cœurs et toutes les intelligences, comme le fluide électrique passe
dans les corps par leur contact.

Cette activité vers tout ce qui peut augmenter le bien-être est
diversement envisagée : elle a des détracteurs et des censeurs sévères,
comme elle a des admirateurs passionnés. Il ne nous appartient pas
de rechercher ici laquelle de ces deux opinions est plus près de
la vérité : nous laissons à d'autres, et surtout à l'avenir, le soin
de décider. Ce qu'il y a d'incontestable, c'est que cette étonnante
activité a produit, en peu de temps, de grandes choses. Elle a
fait naître une ardeur infatigable pour les sciences appliquées,
les arts mécaniques, le commerce, l'industrie... ; elle a enfanté

d'innombrables merveilles, — deux surtout, attachées l'une à l'autre, et se prêtant un mutuel secours, qui sont destinées à renouveler la face de la terre.

En effet, depuis que toutes les mers sont couvertes de steamers agiles; depuis que le continent est sillonné dans tous les sens par des locomotives qui dévorent, en mugissant, l'espace; depuis qu'on a construit ces machines puissantes qui donnent, en quelque sorte, la vie à la matière et qui ont centuplé la force du travail, — le génie de l'homme s'est frayé des voies nouvelles, et le progrès, dégagé de toute entrave matérielle, a vu s'ouvrir devant lui une suite de triomphes et de conquêtes.

Grâce à ces voitures populaires et économiques traînées par la vapeur, et dont l'invention marquera, dans les annales du monde, une des plus belles étapes de l'esprit humain dans sa marche civilisatrice, — les séparations tombent, les cités se confondent, la rapidité de locomotion supprime la distance; les relations, de rares et difficiles qu'elles étaient autrefois, deviennent fréqnentes et habituelles; toutes les grandes villes, et peu à peu jusqu'aux plus petites, se trouvent aujourd'hui attachées entre elles par un lien de fer, et ont signé leur nouvelle alliance en trait de feu.

Ce rapprochement progressif des centres de population, dont toute l'Europe et l'Amérique civilisée nous offrent le tableau, s'est accru, par une nouvelle merveille plus étonnaute encore, l'électro-magnétisme, qui a donné naissance à l'*électro-graphie* (1). « Plus

(1) Nous avons créé ce mot, non par amour du néologisme, mais parce qu'i nous permettra d'éviter les répétitions fréquentes d'un même terme, et, en outre, parce que nous croyons qu'il serait bon de l'adopter. Le mot « télégraphie, » déjà appliqué à l'invention de Chappe, ne comporte pas avec lui l'intervention de l'électricité; le mot « télégramme » qui en dérive, quoique récemment formé, n'implique pas non plus une idée nouvelle. D'un autre côté l'expression « télégraphie électrique » est beaucoup trop prolixe. Il nous semble qu'il serait plus exact d'admettre dans le langage le mot « électrographie, » c'est-à-dire employer un mot composé laconique qui réunit l'idée complexe à exprimer, et que, de même qu'on a fait « photographie, électrotypie, etc...., » on pourrait bien faire « électrographie. »

encore par l'invention de la télégraphie électrique que par l'emploi de la vapeur, l'homme est devenu un géant. » (1)

Par l'invention de la vapeur, en effet, l'homme triomphe, comparativement au passé, du temps et des distances; — par l'invention de la télégraphie électrique, il n'y a plus pour lui ni temps ni distance : il peut porter aux extrémités du monde instantanément sa pensée, quand sa pensée est à peine éclose. Pendant que, travaillant à grand peine, l'homme creuse les entrailles de la terre, perce des montagnes, comble des vallées, transporte des rochers, détourne des fleuves, dépense du temps et des sommes énormes pour installer des chemins de fer, — la télégraphie, elle, sans effort, *ravit la foudre aux cieux*, et, à l'aide d'un léger fil métallique, suspendu dans les airs ou caché à la surface du sol, tient le monde en entier dans ses mains. Tandis que les chemins de fer voient leur empire finir au continent, la télégraphie étend victorieusement son pouvoir au-delà des mers. En dépit des abîmes profonds creusés par la nature, un lien mystérieux et invisible s'en va relier entre elles toutes les parties de l'Europe éparses dans l'immensité de l'onde et étonnées d'un pareil prodige. « Ils sont donc arrivés, s'écriait dans un style enthousiaste, en 1851, un des admirateurs les plus savants de la télégraphie (2), ils sont donc arrivés ces jours que j'avais appelés de tous mes vœux, ces jours si impatiemment attendus, où les vents déchaînés remuant jusque dans leurs profondeurs inaccessibles les eaux tumultueuses de la Manche et soulevant les flots en montagnes mugissantes, n'interrompent pas une correspondance calme et fraternelle. Nous assistons enfin au magnifique spectacle d'une mer terrible domptée par le génie de l'homme et devenue un messager fidèle et complaisant.»

(1) F. Moigno; *Traité de télégraphie.*
(2) L'abbé Moigno, déjà cité.

Jusqu'où ne va pas le pouvoir de cette merveilleuse électrographie?... Elle plane au-dessus de la vapeur, sa compagne en civilisation, pour la protéger, pour diriger sa marche, son exploitation, prévenir les malheurs qu'elle peut innocemment faire naître, et réparer avec empressement les fautes qu'elle peut involontairement commettre. Car si parfois le crime essaie d'échapper à la justice en fuyant sur les rails, elle arrive, prompte comme l'éclair, et arrête le coupable dans sa marche; et si un train s'engage dans une fausse voie ou se trouve en détresse, elle vole à son secours, répand au loin l'alarme et empêche une fatale rencontre.

C'est une invention véritablement providentielle, et il est heureux qu'elle soit née à côté de la vapeur qui, sans elle, aurait offert une somme de désavantages nombreux. Devant une telle coïncidence il faut nécessairement reconnaître la vérité de cette parole de Fénélon, « l'homme s'agite et Dieu le mène, » car il y a ici, comme dans toutes les grandes choses, l'action concertée de la providence divine et de la liberté humaine, « ces deux grandes puissances dont le concours explique l'histoire. (1) »

Ainsi la télégraphie électrique surpasse la vapeur même, pourtant si belle et si féconde. Messagère de joie ou de deuil, de paix ou de guerre, de victoire ou de défaite, elle porte sur ses ailes rapides le bulletin de nos destinées. Elle peut faire en une seconde cinq fois le tour du globe. Elle se rit des frontières posées par la politique: elle est en même temps à Paris, à Londres, à Vienne et à Berlin. C'est la pensée présente à la fois partout, c'est l'âme commune du monde entier.

Assurément, c'est le plus glorieux succès et la plus magnifique entreprise des temps modernes.

(1) Ozanam.

II.

Ce mouvement imprimé à la matière par la vapeur et cette ubiquité prodigieuse permise à la pensée par l'électricité, ont donné aux relations sociales de tout genre un essor inconnu jusqu'alors.

Aussi, jamais époque n'a, comme la nôtre, été profondément marquée du cachet d'expansion et d'activité de l'industrie et du commerce.

Une ère grandiose luit déjà, et peut-être sommes-nous à la veille du jour où, producteurs et négociants de tous les peuples, formeront comme une vaste nation commerçante, où les télégraphes terrestres et sous-marins, puissants nerfs de la pensée, s'irradiant sur tous les territoires et dans toutes les mers, seront les moteurs de la volonté qu'elles transmettront d'un pôle à l'autre, et du levant au couchant avec la rapidité de l'électricité, son élément. « Encore quelques années, et New-York, Calcutta, Pékin, seront aux portes de Paris et de Londres. Le négociant de ces deux grandes cités parlera à l'oreille de ses agents des Amériques, de la Chine et des Indes, comme il transmet aujourd'hui ses ordres à travers son tube acoustique, d'un étage à l'autre de ses bureaux. » (1)

Les vastes réseaux de chemins de fer, construits chez tous les peuples civilisés, jouissant, par traités de commerce, du libre droit de participation et de circulation, seront, avec les lignes de bateaux transatlantiques, les vastes artères où s'écouleront les produits de tous les coins du monde.

Une énergie de volonté, en raison directe des deux forces précédentes, anime le cœur de l'homme, et arme son bras d'une noble

____

(1) Mo gno ; *Traité de télégr. électr.*

émulation : le percement de l'isthme de Suez , joignant la Méditerranée au grand océan oriental par la mer Rouge et la mer des Indes , offrira au commerce maritime de plus rapides échanges et transactions avec les Indes, l'Indo-Chine , notre nouvelle colonie, la Chine et toutes les iles du Levant.

Les difficultés inouïes qu'a rencontrées l'idée de M. de Lesseps ne découragent pas d'autres projets qui cherchent à se faire jour : — percement de l'isthme de Panama ; construction d'un tunnel sous-marin entre Douvres et Calais ; creusement d'un canal maritime de Dieppe à Paris ; jonction de la Méditerranée à l'Océan, par un bosphore qui traverserait la France ; création d'un autre bosphore entre Kiel et Brunsbattel , dans le Holstein, pour unir la mer du Nord à la mer Baltique ; établissement d'un troisième bosphore qui ferait communiquer la mer d'Azov à la mer Caspienne ; lignes ferrées traversant l'Asie et l'Amérique anglaise ; télégraphes électriques sillonnant le fond de toutes les mers et la surface de tous les continents sans exception : telles sont les gigantesques entreprises qu'on rêve ou qu'on prépare en ce moment.

De tous ces projets, le plus près d'être réalisé parait être la grande ligne télégraphique destinée à relier l'Europe à l'Amérique en suivant les côtes méridionales et orientales de l'Asie. Voici ce que nous lisons à ce sujet dans l'*Indépendance belge*, qui annonce l'examen du projet par l'Académie des sciences :

« Le tracé de cette ligne relie tout à la fois entre eux, avec l'Europe et l'Amérique, les plus grands centres de production, de population et de commerce qu'il y ait sur le globe. Il dessert, en Asie seulement, l'agriculture, l'industrie et les besoins de consommation de près de *sept cent millions d'hommes*, c'est-à-dire les deux tiers de l'espèce humaine, tandis que la ligne sibérienne, traversant des contrées froides et presque inhabitées, improductives, séparées de la Chine par de vastes déserts, ne rencontrerait que *quatre ou cinq millions* d'habitants à demi sauvages. Cette simple comparaison prouve l'immense avantage de la ligne côtière sur la ligne sibérienne. »

Il est donc impossible de ne pas reconnaître que le monde se transforme et qu'une nouvelle vie matérielle, industrielle et commerciale naît dans notre siècle. Ce fait est irrécusable : il est aussi évident que les causes auxquelles il est dû.

III.   ,

Ces moyens nouveaux de communication, qui excitent notre juste admiration, n'ont pas eu seulement pour effet un progrès matériel ; leur résultat n'a pas été uniquement de multiplier à l'infini les rapports internationaux, de déplacer facilement et de porter d'un point du monde à l'autre les produits de l'industrie et du commerce, de décupler et même de centupler les chiffres de l'importation et de l'exportation, et de faire jouir chaque pays en particulier des richesses collectives de tous les autres. Il n'y a pas que la partie matérielle de l'appareil commercial qui s'utilise et se perfectionne, mais aussi la partie intellectuelle : les hommes rapprochés savent mieux se partager les occupations, unir leurs forces, s'associer pour fonder, en un mot se procurer des jouissances communes avec une beaucoup moins forte proportion d'efforts pour chacun.

Mais là ne s'arrête pas encore leur influence. A côté de tous ces avantages purement physiques, il y a un effet moral bien autrement important qui se développe parallèlement et visiblement aux yeux de tous : c'est une tendance générale vers une grande unité, vers une fusion progressive de toutes les nations entre elles.

Et ce que nous entendons par ce mot, ce n'est pas un mélange des nations, un amalgame des races au point de vue physique ; ce n'est même pas quelque chose d'analogue au spectacle offert par le confluent de divers cours d'eau qui, tout en s'unissant ensemble pour parcourir une même route et rouler dans un même lit, ne confondent pas leurs eaux et gardent chacun la teinte qui leur est propre : c'est cet état qui résulte de plusieurs parties réunies en un tout harmonieux ; un composé qui admet et renferme les différences individuelles, comme le type du visage humain, dans ses lignes primordiales, laisse place à toutes les variétés et à tous les caractères de la physionomie ; de telle sorte que les peuples, tout en conservant leur manière d'être distincte, offrent davantage l'empreinte de leur commune parenté.

Tel est le sens que nous attachons à cette expression, et nous avons tenu à la clairement définir avant d'aller plus loin, car elle a reçu parfois dans ces derniers temps, de quelques politiques, une acception trop large et trop spécifique, que nous n'admettons pas.

L'assimilation par la fusion est une des lois fondamentales de la fécondité successive et universelle de la nature, car toute fécondité est le résultat d'un fusionnement : la terre avec l'eau, l'air, le calorique et les gaz pondérables et impondérables ; ceux-ci avec les animaux, comme ces derniers avec l'être humain. Chaque être absorbe et s'assimile une partie de lui-même qui est absorbée par les autres êtres.

L'assimilation par la fusion ne se réalise pas moins positivement dans le monde moral, où tout avancement des idées, toute marche de la vérité, résulte de ce libre échange contradictoire des impressions et des découvertes, dans lequel se fusionnent sans cesse toutes les productions des diverses intelligences.

L'homme, en effet, ne peut vivre et se développer dans l'isolement. — Avide de connaître, c'est peu pour lui d'observer la nature, de descendre dans le for intérieur de la conscience, de s'élever aux sublimes hauteurs de la philosophie et de la morale, il lui faut encore trouver auprès de lui, autour de lui, des cœurs qu'il échauffe, des esprits qui le comprennent, et auxquels il communique le fruit de ses travaux et de ses méditations. C'est une vérité de premier ordre qui se résume dans cette formule, « l'homme est né pour la Société ». Sa nature, ses besoins, tout lui fait une nécessité de cette loi, qu'il s'impose volontairement encore plus qu'il ne l'accepte. C'est ce désir si profondément naturel qui lui a inspiré de tout temps les moyens d'entrer en rapport avec ses semblables. Or, aujourd'hui que ces moyens ont atteint les dernières limites du possible, ce désir est devenu une des aspirations les plus brûlantes de son cœur.

Ce n'est pas uniquement pour multiplier des rapports matériels qu'il change la surface de la terre; il n'a pas en vue rien que cette moitié de lui-même, la moins noble, le corps; car, suivant l'axiôme sacré, l'homme ne vit pas seulement de pain, mais de la vérité, but de toutes ses recherches et fondement de toutes ses sciences. Vivre est pour lui un besoin, vivre en société est un besoin et un désir. — Les relations de négoce qui s'établissent d'individu à individu, de ville à ville, de peuple à peuple, ne sont pas autre chose qu'un contact des intelligences, bien qu'elles agissent extérieurement sur la matière. Elle se meut, mais c'est l'esprit qui la met en mouvement (*mens agitat molem*) et qui, en lui donnant le mouvement, l'activité, la vie, développe en même temps ces propriétés en lui.

Ainsi les procédés merveilleux qui augmentent et modifient les rapports matériels, en bouleversant l'état physique du globe, ont changé également les relations sociales et transformé le monde de la pensée. Réaction puissante opérée dans le gouvernement des forces matérielles par l'esprit, et conséquence inévitable de la mutualité qui existe entre l'homme et les choses.

L'homme subit ce mouvement et ce déplacement continuels qu'il a imprimés à la nature inanimée; mais avec lui il porte au loin ses habitudes, ses mœurs, ses idées, ses connaissances. Chaque nation prend quelque chose à sa voisine, de même qu'elle en reçoit quelque chose en échange. Il y a quelques années seulement se produisait pour la première fois un fait immense, et qui est destiné à se renouveler périodiquement. — Dans les deux plus grands centres d'organisme du monde civilisé, le génie des arts et des sciences convoquant toutes les industries qui servent à la vie et à la puissance matérielle de l'homme, accumulait en un même point tant de produits si divers, venus des cinq parties du globe, tant de mécanismes si habiles ou si profitables, et exposait à nos yeux ce prodigieux assemblage universel que l'on n'aurait jamais osé rêver un demi siècle auparavant. Ceci est une image de ce qui se passe corrélativement dans le monde moral. Des communications de jour en jour plus intimes s'établissent entre les savants de tous les pays, par des missions officielles et par des initiatives individuelles. Des congrès ont lieu pour les sciences physiques, pour les sciences morales et politiques, pour les beaux-arts, les arts industriels, et les arts qui servent uniquement au charme de la vie. Au dessous de ces réunions solennelles, sortes de conciles de l'esprit humain, les excursions et les voyages, devenus accessibles à tous les rangs, donnent lieu à des appréciations et des études personnelles non moins profitables à l'intérêt général.

Ainsi, les peuples aujourd'hui cherchent à s'inspirer l'un de l'autre, à se communiquer leurs éléments de civilisation, et s'enrichir en commun de ce que chacun d'eux isolément peut avoir de salutaire.

En se voyant de près, en se frottant l'un contre l'autre dans ce va-et-vient universel, ils usent peu à peu les antipathies originelles, peu fondées le plus souvent dans leur principe, et les aspérités de caractères nées de préjugés entretenus par l'éloignement, l'isolement et l'ignorance. Des liens nouveaux se forment entre les races ; les haines disparaissent ; les cœurs s'élargissent en même temps que les intelligences s'élèvent. Les rivalités nationales tendent à disparaître pour faire place à un esprit de cosmopolitisme européen ; les barrières s'abaissent, l'esprit de localité s'efface et, avec lui, les préventions, les fausses idées s'évanouissent. Aujourd'hui enfin qu'ils se connaissent mieux, les hommes, bien qu'en restant avant tout amis de leur patrie et de leur foyer domestique , sont portés à se rapprocher , à s'aider mutuellement , et à former entre eux une noble confédération intellectuelle et morale , présidée par la justice et la raison.

IV.

Cette tendance bien marquée de l'esprit moderne peut se démontrer par des faits pris dans nos mœurs contemporaines. Nous en avons une preuve irréfragable au dedans de nous , à nos portes, dans l'accord anglo-français.

Si la science et l'industrie ont déjà consigné de grandes choses dans les annales du dix-neuvième siècle , l'histoire et la politique n'auront pas à enregistrer des faits moins étonnants dans leur origine et moins importants dans leurs conséquences.

Qui eût osé dire, je ne dis pas il y a un siècle mais il y a seulement vingt ans , que ces deux filles aînées de la civilisation , la France et l'Angleterre , si longtemps jalouses et rivales , déposeraient un jour leur haine séculaire pour se donner la main, et marcher de concert vers le but auquel elles peuvent tendre simultanément sans se nuire, le progrès pacifique ?

Assurément , si on eût rêvé une alliance forte et active entre deux nations européennes, ce n'eût pas été celle-là. Tout semblait s'opposer à leur réunion , leur origine ethnologique , leur formation respective , leur position même, car non-seulement il n'y avait entre elles aucun peuple intermédiaire pouvant amortir les frottements et jouer le rôle de conciliateur , mais encore elles étaient séparées par un obstacle naturel suffisant pour rendre leurs communications difficiles et leurs fréquentations purement accidentelles et partielles.

Ce n'était certes pas leur vie passée qui pouvait faire présager cette heureuse conversion. L'histoire moderne n'est remplie que du bruit de leurs dissensions et de leur antagonisme, dont le début fut un duel qui sera à jamais sans exemple, une *guerre de cent ans*, et dont la fin fut cette coalition de vingt-cinq ans, formée par l'Europe contre la France commandée par Napoléon Ier, et qui coûta à l'Angleterre seule, qui en était l'âme, près de vingt milliards ajoutés à sa dette publique.

Après une lutte si longue et si passionnée, n'eût-il pas été étonnant déjà de les voir désarmer et consentir à ne plus chercher à se nuire? Et quand ils se rapprochent et s'associent au grand jour, tous les hommes pénétrés d'une foi vive au perfectionnement de nos mœurs, n'ont-ils pas le droit de se réjouir et d'en espérer les plus heureux effets?...

Ceux qui ne puisent dans l'étude de l'histoire que des enseignements désirés par avance; qui, ne tenant pas compte des progrès accomplis d'un âge à l'autre, entrevoient l'avenir comme une répétition pure et simple du passé; qui prennent ce qui a été pour la règle de ce qui doit être, et auxquels il faudrait ni plus ni moins que l'anéantissement complet de l'Angleterre pour satisfaire leurs idées personnelles; ceux-là, rétrogrades aveuglés, timides ou retardataires, plus préoccupés des détours et des difficultés de la route que du lieu où elle conduit, cherchent à contrarier et à entraver notre union avec nos voisins d'outre-mer. Mais les clameurs insensées, les cris de peur ou l'engourdissement léthargique de tous ces hommes ne gêneront en rien ceux qui tiennent en main le gouvernail et président à la manœuvre, et n'empêcheront pas le navire de l'humanité de cingler droit et ferme vers le but tracé par les décrets de Dieu.

V.

Les actions de l'homme, sans doute, ont souvent pour principe son intérêt personnel; mais si ce mobile n'est pas le plus pur, il est inhérent à sa nature et n'est pas un obstacle à des sentiments plus nobles et plus élevés.

A ce titre, l'alliance anglo-française, si elle n'est encore basée que sur des motifs matériels de la part de l'un ou de l'autre, peut, en se fortifiant, acquérir des qualités grandes et généreuses. Dans son degré actuel d'existence, ce n'est ni une simple alliance d'expédients que briserait la première difficulté, ni une alliance de sentiments que déchirerait le premier froissement, comme tout ce qui n'a pour lien que l'affection; c'est une alliance de principe, ce qu'on pourrait appeler un mariage de raison. Les différences même de caractère, qui d'abord avaient contribué à la désunion, deviendront une cause de sympathie, comme cela arrive parfois entre individus, en vertu de ce principe, que chacun cherche volontiers ce qui lui manque. Les deux nations se complétant l'une par l'autre, la France n'est plus seule dans le duel qu'elle soutient pour la liberté platonique, l'Angleterre n'est plus seule non plus dans la lutte qu'elle soutient pour la civilisation matérielle du monde. Nous lui prêtons de notre désintéressement, elle nous prête de son esprit pratique, et à deux nous fondons un système capable de vitalité, c'est-à-dire satisfaisant à la fois aux intérêts moraux et aux intérêts matériels. Ce que les peuples trouvent de défectueux dans chacun de nous est compensé. Ils se défient du désintéressement anglais et craignent l'idéologie française. Ils ne redouteront plus cette dernière, si elle est mitigée par l'esprit positif de l'Angleterre, et ils ne mettront plus en suspicion l'ambition industrielle de l'Angleterre, si elle est tenue en bride par la chevalerie du dévouement français à la cause des nations.

Cette confiance dans une entente solide et durable entre nous et la Grande-Bretagne facilitera la solution du fusionnement partiel de tous les rameaux identiques de chaque branche de la grande famille européenne, solution redoutée par des intérêts spéciaux ou des convenances personnelles, mais regardée désormais comme indispensable à l'économie générale de l'existence des sociétés modernes.

Car les peuples aujourd'hui, ceci est incontestable, cherchent à asseoir leur demeure dans les limites territoriales qui répondent à ces divisions naturelles que l'on perçoit instinctivement en jetant un regard sur la carte. Chaque race distincte aspire non pas seulement à l'unité de nom et de gouvernement, mais à cette unité plus profonde et plus puissante qui résulte de la similitude des éléments sociaux, de la similitude des croyances religieuses, des institutions, des coutumes, des idées, des sentiments, des langues, l'unité qui réside dans les hommes mêmes que le temps a réunis et non dans les formes de leur rapprochement, l'unité morale enfin supérieure à l'unité politique et qui peut seule la fonder solidement.

N'est-ce pas une aspiration sainte et légitime, puisqu'elle prend sa source principale dans l'amour de la patrie, et n'est-elle pas conforme aux notions les plus pures de la saine philosophie?...

Peu à peu cette doctrine du groupement des races, suivant la configuration du sol même qu'elles habitent, finit par prendre pied dans l'opinion, et par gagner, à leur insu, les esprits les plus irrésolus et même les plus opposés. En voici une preuve dans le passage suivant que nous empruntons à l'auteur le moins suspect d'exagération en pareille matière :

« Sur la surface du globe, dit M. Louis Veuillot dans un de ses derniers écrits, (1) Dieu a formé des demeures pour les peuples, et circonscrit des apanages pour les diverses branches de la postérité

(1) Waterloo.

d'Adam. Les frontières qu'il leur a données sont les chaînes des montagnes, les grands fleuves, les mers. Là-dedans il a mis des hommes qui parlent la même langue ou du moins des dialectes dérivés de la même source. Il a donné à ces hommes les mêmes penchants, les mêmes passions, les mêmes aptitudes, les traits de famille, enfin ; de telle sorte que la vie et l'œuvre communes leur devinssent plus faciles, et que chaque peuple, demeurant un, pût accomplir avec plus d'énergie sa soumission particulière, et en même temps conservât dans sa nationalité, comme dans une forteresse, ou une partie ou la somme des doctrines qui constituent le patrimoine divin de l'humanité. C'est avec ce respect pour leur dignité et avec cette prévoyance paternelle pour leur liberté, que Dieu a voulu traiter les nations. »

Il n'est pas possible d'exposer et de justifier à la fois plus clairement la question des frontières et des nationalités.

Cette question, il faut l'espérer, se déroulera d'une façon paisible et régulière, sans secousse, avec le flot des années. Sans doute il est bon de tempérer les ardeurs du mouvement qui s'opère, d'en modérer les anxieuses *impatiences et de ne le seconder qu'en le réglant ; mais l'arrêter, non, car il briserait les obstacles qu'on chercherait à lui opposer.

> « Il faut fléchir au temps sans obstination. » (1)

Notre siècle transformateur a marché à grands pas, et, pour nous servir d'une expression biblique, « il se dresse maintenant de toute sa hauteur, comme un géant, pour accomplir sa course (2) ». Chaque année marque un pas en avant. Parler de paix et de concorde universelle eût été traité, il y a quinze ans d'utopie humanitaire, et aujourd'hui c'est presque devenu un lieu commun. On pressent l'avénement d'une opinion publique européenne. Qu'un fait

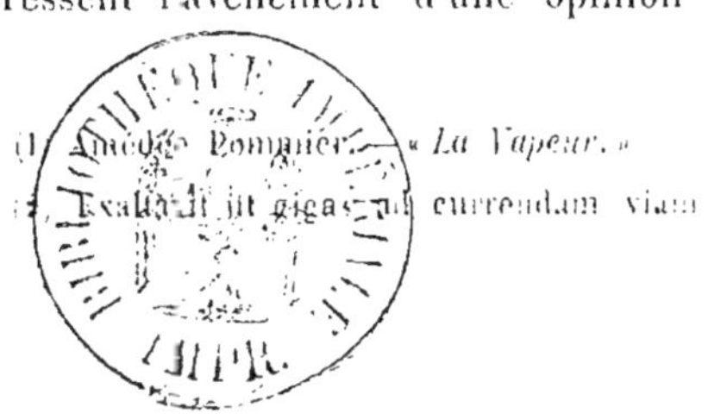

(1) Amédée Pommier. — « La Vapeur. »
(2) Exaltavit ut gigas ad currendam viam.

contraire aux lois éternelles et immuables de justice survienne dans une des nations de l'Europe, et toutes les autres ne s'y croient point étrangères. On commence à comprendre que le malheur d'un peuple rejaillit tôt ou tard sur un autre, et que les mots de solidarité et de fraternité internationales ne sont plus des paroles à effet, mais des termes simples et vrais, passés dans le langage ordinaire.

Quand la Pologne se réveille et par son héroïsme étonne le monde, tous les peuples civilisés souffrent et gémissent avec elle. Il est des crimes qui ne s'effacent pas et ne se pardonnent jamais. L'opinion de l'Europe restera inquiète tant que subsisteront purement et simplement les effets d'un acte aussi odieux et aussi attentatoire à l'indépendance des nations que le partage de 1772. Elle voudrait pouvoir réparer cette grande injustice, et, comme aux jours où la barbarie du Nord, mal déguisée sous les apparences d'une civilisation feinte, menaçait d'envahir un empire impuissant à se défendre, tous les regards se tournent encore vers l'alliance anglo-française comme le plus efficace moyen de salut.

VI.

L'alliance anglo-française devient donc la clé de voûte de la pacification générale. Là seulement, en effet, réside le point d'appui du nouvel équilibre européen. Celui qui a réglé notre existence depuis le traité de Westphalie était bâti sur le terrain mouvant et incertain de la politique, sur des traités conclus par des souverains sans la participation de la volonté des nations. Celui-ci est produit par la marche des événements et par la logique impérieuse des faits; il est déterminé par le mouvement ascensionnel des esprits; il est basé sur l'état moral des peuples qui, longtemps retenus en arrière, se sont graduellement rapprochés du niveau politique de la France et de l'Angleterre dont elles ont fait, pour ainsi dire, leur fondée de pouvoir.

Cette inclination des états secondaires à confier leurs destinées et leur protection à l'accord simultané des deux grandes puissances occidentales, est autant instinctive que dictée par leur intérêt.

« Les Anglais et les Français, en effet, sont à peu près les seuls qui aient une civilisation qui leur soit personnelle et originale : les autres peuples les imitent et les suivent selon les races auxquelles ils appartiennent et les goûts qui les dirigent. » (1)

Ces lignes, que M. Hector Malot écrivait (2) lors de l'exposition universelle de 1862, sont d'une extrême justesse. Elles expliquent, d'une façon intime et raisonnée, comment Paris et Londres sont arrivés à occuper le point de rencontre des deux grands courants d'opinion qui partent l'un du nord l'autre du midi, et à acquérir une prépondérance qui leur en donne la direction.

(1) « *Londres et les Anglais*, » impressions de voyage, par M. H. Malot.

(2) « Si, continue M. Hector Malot, nous étions sincèrement unis sans arrière-pensée, sans rancune, comme sans crainte, nous accomplirions des merveilles; le monde nous appartiendrait.

» Ce qui empêche cette union d'être parfaitement sincère, c'est que mutuellement nous nous connaissons trop peu.

» S'il arrive parfois que, quand deux amis ou deux amants commencent à se connaître, ils commencent aussi à ne plus s'estimer ou s'aimer, cela n'arrive point pour deux peuples ; que l'un et l'autre ils se voient tels qu'ils sont, et ils trouveront, les Anglais chez les Français, les Français chez les Anglais, assez de points sympathiques sur lesquels pourra s'édifier une durable amitié. — Seulement, pour cela, il faudrait que les uns et les autres nous voulussions bien renoncer à nos préjugés, voir par nos propres yeux, renoncer aux opinions ou aux phrases toutes faites qui circulent librement depuis les guerres de Louis XIV, de la Révolution ou de l'Empire. Il faudrait que ceux qui ont une influence sur le public ne voulussent plus recourir à ces moyens de succès faciles qui consistent à répéter ce qui flatte l'orgueil national et offense la vérité. »

Un heureux hasard nous a mis en contact, pendant deux années consécutives, avec une population anglaise, constamment renouvelée, appartenant à tous les rangs et à toutes les professions. Nous avons donc pu édifier nos idées sur une étude de chaque jour et, en quelque sorte, sur des preuves vivantes ; et nous ne cesserons de dire, comme M. Hector Malot, que nous ne nous connaissons pas assez.

La France et l'Angleterre sont d'ailleurs un résumé des races de l'Europe. L'une est le plus grand peuple de la race latine, l'autre le plus grand peuple de la race saxo-germanique. Leur union forme comme une nouvelle nationalité mixte où tous les autres pays se voient représentés dans leurs éléments fondamentaux, une sorte de trait d'union dont les extrémités se confondent avec eux et qui les relie étroitement. Elle assurera ainsi le rapprochement et la fusion unitaire des diverses nations qui composent l'agglomération européenne.

VII.

Par ce moyen, l'Europe pacifiée, devenue une et forte, pourra marcher à la conquête morale de l'Orient, et ramener la civilisation dans l'Asie, qui en a été le berceau.

Ne vient-elle pas déjà de forcer victorieusement les barrières de la Chine et de planter les bannières franco-anglaises sur ces murailles mystérieuses qui abritaient les ennemis les plus implacables des nations européennes?... — « L'alliance de deux grands peuples pour une noble cause, et leur victoire commune, glorieusement consacrée sous les murs de Sébastopol, ont été le signal d'une ère nouvelle pour nos destinées politiques, maritimes et coloniales. Les drapeaux de nos légions, qui avaient si brillamment figuré à côté des étendards britanniques dans les plaines rougies de la Crimée, devaient encore partager l'honneur d'ouvrir l'extrême Orient à l'Europe, et d'inaugurer aux dernières limites du monde asiatique l'entrée de larges voies à la pensée créatrice et à l'activité fiévreuse et si puissante de l'Occident. » (1)

L'Europe et l'Asie sont les deux parties du monde les plus unies, au point de vue géographique, et les moins disparates, sous le

(1) Tableau de la Cochinchine par MM. Cortambert et Léon de Rosny, p. 233.

rapport ethnologique, notre race étant elle-même originaire d'Asie.

L'histoire, cependant, ne nous offre que le tableau de leurs luttes et de leurs invasions réciproques, depuis Xerxès, Alexandre et Attila jusqu'aux croisades et à Mahomet II.

La prise de Constantinople et le renversement de l'Empire d'Orient par les Turcs, au quinzième siècle, vinrent interrompre toute espèce de relations. Peu de temps après, les Portugais ayant heureusement reconnu et doublé le cap de Bonne-Espérance, le commerce européen put reprendre, par une longue et difficile navigation, le chemin des Indes, à défaut des routes directes qui sont réstées interceptées pendant près de quatre siècles.

La découverte de l'Amérique suffit, il est vrai, à absorber l'attention, durant cette période. Néanmoins l'Europe n'a jamais complètement cessé d'aspirer à renouer ses anciennes communications avec ces riches contrées, dont elle a reçu les premiers éléments de la civilisation et la foi régénératrice du christianisme.

La guerre d'Orient, qui a lancé les Turcs dans la voie des réformes sociales, et a achevé de nous livrer passage à travers l'empire ottoman ; la guerre de Perse ; celle de l'Inde, qui n'a fait que raffermir la conquête anglaise, commencée vers le milieu du siècle dernier ; les expéditions de Chine et de Cochinchine ; les établissements formés par la Russie sur le fleuve Amour ; les divers traités conclus avec le Japon ; le service régulier des bateaux à vapeur anglais établis de Suez à Bombay et à Calcutta ; le percement de l'isthme qui sépare la Méditerranée de la mer Rouge, dans le but d'établir un canal qui abrégera de neuf mille kilomètres la navigation de Cadix à l'Inde ; le projet de construction d'une deuxième route, plus coûteuse, sans doute, mais aussi plus rapide et plus sûre, destinée à relier la Méditerranée à la mer Rouge par le chemin de fer de la vallée de l'Euphrate, dont la concession a été obtenue de la Porte par l'Angleterre : tous ces faits, accumulés en peu d'années, témoignent suffisamment de la tendance de l'Europe à se porter sur l'Asie.

« La civilisation reprendrait ainsi vers l'Orient cette même route que suivirent jadis, en sens inverse, les Barbares, depuis les Scythes juspu'aux Turcs. L'Europe rendrait à l'Asie ce surcroît de population qu'elle en reçut dans les premiers âges. Mais l'Occident, lorsqu'il portera la conquête dans l'Orient, ne traînera pas après lui le meurtre et la dévastation ; il y entrera suivi des arts et de la paix ; il y rapportera la science et la culture intellectuelle, en même temps que le bien-être matériel. » (1). Là, nous paraît être le germe de la future politique européenne. La deuxième moitié du dix-neuvième siècle est sans doute destinée à voir s'accomplir cette œuvre, digne des efforts réunis des premières nations de l'Europe.—Et, quand ce noble et vaste but aura été compris et popularisé, le monde saura à quoi doit servir la fusion européenne, que Charlemagne et Napoléon ont rêvée et où ils ont échoué, dont la Sainte-Alliance fut la parodie plutôt que le programme, et dont la réalisation est réservée sans doute à la confédération des peuples civilisés.

VIII.

La régénération morale de l'Asie sera donc un jour accomplie par les efforts collectifs des nations européennes ; mais elle restera l'œuvre à peu près exclusive de la France et de l'Angleterre, tant que tout prétexte de conflit n'aura pas disparu du milieu de nous, et tant que cette belle parole d'un grand conquérant ne sera pas devenue une vérité : « Toute guerre qui éclate en Europe est une guerre civile ».

« La civilisation, » dit un historien militaire, « n'est pas et ne

(1) Voir brochure « De l'Émigration européenne vers la haute Asie. » Paris, 1850.

peut pas rester stationnaire ; elle rayonne et s'étend partout, malgré les vains obstacles qu'on lui oppose ; et le point de contact par lequel elle s'infiltre au sein même des nations deshéritées de leur part dans le progrès universel, c'est le commerce.— Là, est le lien réel des peuples entre eux. » (1)

L'échange des produits matériels, comme nous l'avons établi en commençant, précède, en effet, l'échange des idées, lequel est suivi des notions de la morale et de la doctrine évangélique.—Cette gradation est d'autant plus nécessaire dans le cas présent que les récits de voyages, que nous avons consultés à dessein, sont tous d'accord sur ce point, à savoir, que le contact continuel des occidentaux n'a pas encore rendu les populations innombrables de la Chine beaucoup plus sociables dans les relations privées. Le Chinois, en dehors des affaires de commerce, conserve précieusement ses mœurs et ses coutumes ; il défend pied à pied ses usages contre l'envahissement étranger.

Ainsi, la France, en fondant par la voie des armes une colonie en Cochinchine, a fait acte de progrès. Nous avons acquis « une position qui, sans nous astreindre aux difficultés du gouvernement local, nous permettra d'exploiter les ressources immenses de ces contrées et de les civiliser par le commerce. » (2) Ces conquêtes là sont des moyens civilisateurs ; car, suivant les paroles du souverain qui a le mieux compris et défini le côté moral de la guerre dans nos temps modernes, « la Providence n'envoie la guerre aux peuples que comme châtiment ou comme rédemption, et entre nos mains la conquête ne peut être qu'une rédemption. » (3)

L'expédition de Cochinchine a été en quelque sorte le corollaire

(1) Les Expéditions de Chine et de Cochinchine par le Baron de Bazancourt, L. 1, Ch. 1, P. 7, 1ʳᵉ Partie.

(2) Discours de l'Empereur, à l'ouverture de la session législative, 5 ncv. 1863.

(3) Napoléon III, Voyage en Algérie.

de l'expédition de Chine, mais l'idée de l'établissement que nous avons créé dans ces contrées n'a pas été uniquement inspirée par le succès obtenu par nos soldats sur les armées du Céleste-Empire. Il y a nombreuses années déjà que l'on recherchait une station navale destinée à protéger notre marine marchande dans les mers de la Chine et de l'Inde.—Voici les paroles que M. Guizot prononçait à la tribune, comme ministre des affaires étrangères, en 1843.

« Une des causes, disait-il, qui font l'activité et la confiance du commerce anglais, c'est qu'il trouve l'Angleterre partout, c'est qu'il sait que la puissance nationale est partout prête à le protéger et à le soutenir. Une des causes qui font la faiblesse camparative, le défaut de confiance et d'entreprise lointaine du commerce français, c'est qu'il se trouve partout à mille, deux mille, trois mille lieues de la France; c'est que presque nulle part il ne sent la France à côté de lui. C'est en lui donnant ce sentiment, c'est en rendant la France présente partout où un grand intérêt commercial se développe, qu'on peut inspirer au commerce français la confiance et l'esprit d'entreprise dont il a besoin. Et le meilleur moyen de la lui inspirer cette confiance, c'est de lui montrer, dans tous les grands parages commerciaux, un établissement français, le drapeau français, des vaisseaux français chargés de parcourir incessamment ces mers et d'y protéger notre commerce. Nos vaisseaux eux-mêmes, pour agir avec le degré de constance, d'assiduité et d'efficacité qu'exige leur mission, ont besoin d'avoir à leur portée une station sûre, d'où ils puissent sortir, et où ils puissent rentrer, selon les incidents et les circonstances du moment. Qu'ont fait, pour leurs marins, toutes les grandes nations maritimes? Elles ne se sont pas contentées d'envoyer leurs vaisseaux se promener sur toute la face du globe pour protéger leur commerce; elles se sont inquiétées de leur assurer partout des points d'appui, de ravitaillement, de refuge, de leur faire non pas seulement sentir par la mémoire, mais toucher partout le gouvernement du pays, le drapeau du pays, la force du pays.

Regardez l'histoire de l'Angleterre, de la Hollande, de l'Espagne, l'histoire même de ces petites républiques qui faisaient le commerce de la Méditerranée; elles ont voulu que leurs vaisseaux, leurs galères retrouvassent, dans leurs courses, le gouvernement, l'appui, la force de leur patrie; et c'est ainsi qu'elles ont réussi non seulement à faire prospérer leur commerce, mais à donner à leurs marins cette confiance, ce dévoûment qui, sur mer comme sur terre, font la vigueur morale des armées. »

Ces considérations, partant d'un homme d'état aussi éminent, ont une grande valeur. Elles font ressortir les avantages immenses que notre commerce transmaritime pourra retirer de notre nouvelle colonie.

Il est des lois morales auxquelles on ne saurait se soustraire. On s'élève difficilement, dans l'ordre intellectuel, au-dessus de ce qui vous entoure et vous touche chaque jour par un contact incessant. Le génie le plus hardi est influencé par les idées de ses contemporains ; il n'y échappe que par exception. — M. Guizot résumait la pensée de la période d'années pendant laquelle il a dirigé les affaires de son pays, époque d'esprit pratique, mais ayant l'exagération de ses qualités : l'illustre orateur se place à un point de vue élevé, mais il n'envisage que le côté commercial et matériel de la question.

Depuis, les idées ont grandi. L'attention qu'on doit porter à notre établissement dans l'empire d'An-nam, ne doit pas se mesurer exactement aux résultats matériels qui en sortiront, mais se proportionner plutôt au rôle que joue la France dans l'intérêt général du monde.

Considéré surtout sous ce point de vue, cet établissement nous était nécessaire. Il fallait aux deux pionniers infatigables de toute civilisation un point d'appui et, si je puis m'exprimer ainsi, un pied à terre en Asie. L'Angleterre l'avait déjà, la France vient de le conquérir. (1)

(1) La France n'était pas d'ailleurs sans quelques droits. Il existait d'anciens engagements avec la Cochinchine à la suite du traité d'alliance signé à Versailles, le 28

IX.

La France et l'Angleterre ont au même degré le signe de virilité des nations modernes, elles sont toutes deux également libérales, quoique sous des formes différentes, et c'est ce grand principe qu'elles portent en elles qui est la principale cause de leur mutuelle attraction et leur donne en commun la clef de l'avenir.

Mais l'une est protestante et l'autre catholique, et leur croyance est justement celle des groupes respectifs dont elles sont la tête.

Lorsque leur union sera bien définitivement consolidée, elle pourra peut-être contribuer à l'avènement d'une révolution dont les symptômes commencent à paraître, c'est-à-dire le rapprochement des diverses églises chrétiennes.

La différence de religion est, en effet, bien plus fortement encore que la divergence des opinions politiques, une cause de division entre les peuples, car l'une éloigne les cœurs tandis que l'autre ne sépare souvent que les esprits ; et un heureux rapprochement en vue de la reconstitution de l'unité chrétienne aurait une immense influence sur l'ordre et la paix des états.

Les idées religieuses exercent un grand empire sur le monde moral, qui est leur domaine propre, et, par les idées morales,

novembre 1787, par les ministres de Louis XVI et par le prince Cank, au nom de son père l'empereur Gya-Long, dépouillé de son royaume et expulsé de ses états par des rebelles. Un ancien missionnaire, l'abbé Huc, avait soumis à l'Empereur, un travail sur les droits acquis à la France d'occuper, par suite de ce traité, divers territoires en échange d'un concours en soldats et en numéraire qui lui était garanti pour son rétablissement au trône. Les clauses du traité de 1787 ne pouvaient guère rigoureusement être invoquées, car, par suite de circonstances imprévues, ce traité n'avait pu recevoir qu'un accomplissement incomplet. Mais, outre des intérêts commerciaux et politiques du plus haut degré, la France avait à défendre les droits sacrés de la religion, de l'humanité et de la civilisation. Une expédition fut donc décidée, et elle fut suivie d'un éclatant succès.

sur les idées politiques. La religion est l'âme même de la société : en dominant l'homme, elle domine la société.

Le mouvement des idées politiques suit le mouvement des idées religieuses, et une révolution religieuse a toujours amené une révolution politique.

Si, au lieu de se quereller et de chercher à faire prédominer leur église particulière à l'exclusion des autres, les nations chrétiennes savaient s'unir dans une même pensée religieuse, quelle ne serait pas la puissance d'action de leurs missionnaires sur le reste du monde encore incivilisé ? — « Soyez d'accord entre vous et alors nous vous écouterons », répondait un chef indien aux missionnaires de Boston. (1)

Cette heureuse unité ne pourra naître et se développer que dans la paix ; et, puisque l'accord anglo-français est le germe de la pacification du monde, n'est-il pas permis de l'appeler de tous ses vœux ? — Déjà l'Angleterre a effacé de ses lois les mesures rigoureuses dont elle frappait les catholiques, et la Prusse, en formant l'union des luthériens et des calvinistes, a émis le vœu que dans l'avenir toute la chrétienté fût réunie sous un seul pasteur. — N'est-ce pas un devoir pour tout philosophe et pour tout penseur de travailler à cette réunion, suivant cette parole si belle de Tertullien, *nos quoque et laici sacerdotes sumus*. Ne serait-ce pour longtemps encore qu'une agréable illusion, nous aimons à en nourrir notre âme. La vie des nations se compte par générations, non par années, la génération qui nous porte doit donc modérer l'impatiente ardeur qui la domine, reporter une partie de ses espérances dans un avenir qu'elle ne verra peut-être pas, et croire d'une foi vive que tout ce qu'elle a déjà vu n'est que le commencement d'une œuvre immense et que Joseph de Maistre semble avoir entrevue, lorsqu'il parle dans une parole fatidique « des admirables reconstructions que Dieu prépare ».

(1) Gazette de Philadelphie de novembre 1817.

X.

Si les conséquences religieuses de l'alliance anglo-française ne sont encore que des espérances, basées toutefois sur l'induction, toutes les autres qu'elle engendre dans l'ordre matériel et moral sont déjà des faits acquis, (1) et sont la démonstration la plus frappante que l'on puisse donner de cet esprit de fusion qui se manifeste dans notre société moderne. Cette alliance, qui subsiste depuis dix années sans interruption, pourra se détendre, parfois sembler prête à se délier; mais, quand bien même elle viendrait à se briser, elle ne tarderait pas à se renouer, car ce n'est pas la France seule, c'est le monde entier qui a intérêt à son maintien (nous sommes placés dans cette alternative, ou il faut que les deux puissances soient unies ou il faut que l'une cède le pas à l'autre, et cette dernière condition ne pourrait s'obtenir qu'au prix de si grands malheurs qu'on peut la regarder comme impossible); elle est une des nécessités politiques de l'époque, elle est le plus sûr moyen de résoudre pacifiquement toutes les questions qui menacent de ravir aux peuples les bienfaits de la paix.

L'humanité, en effet, est loin d'être arrivée au terme de ses continuels efforts. Nous sommes plus que jamais dans un siècle de travail et d'enfantement, et non dans la jouissance paisible du repos. Le mouvement a un but, ce but n'est pas le mouvement lui-même : « tout mouvement est une tendance, non pas une fin. » (2) Le progrès, c'est le perfectionnement en marche, et non à l'état stationnaire. Malgré les prodiges qu'il a déjà opérés sur sa route, tous les

(1) Nous aurons à examiner ultérieurement les effets obtenus au point de vue intellectuel et littéraire, qui trouveront mieux leur place dans notre Essai sur l'Étude des Langues.

(2) St.-Thomas d'Aquin, *Summa contrà gentes, ultimum caput.*

obstacles sont loin d'être aplanis, toutes les difficultés vaincues. Pour se faire jour, il est encore obligé d'employer la lutte, mais cette lutte, elle a un caractère qu'elle n'a jamais eu jusqu'ici, elle se fait d'une manière grande, noble, désintéressée.

La guerre, phénomène mystérieux, exercice du droit de la force sans laquelle la justice serait impuissante, la guerre, puisqu'il faut l'appeler par son nom, existe et existera encore, pendant un nombre d'années dont les plus habiles ne sauraient fixer la limite; mais elle a perdu peu à peu de ses formes barbares, elle n'a pu échapper elle-même à la loi de perfectibilité qui étreint aujourd'hui toutes choses humaines; elle n'est plus l'auxiliaire exclusif de l'ambition ou des ressentiments d'un seul homme; elle ne se sert plus du fer et du feu que pour ouvrir une mine nécessaire à l'avancement des idées; déjà elle inscrit sur sa bannière « qu'on est plus grand par l'influence morale que par des conquêtes stériles » (1), et la victoire, s'arrêtant d'elle-même dans sa marche triomphante, vole au devant de la paix, (2) au lieu de s'enivrer de ravages, de larmes et de sang.

Et pourquoi? Parce que, de nos jours, la force vient au secours de la faiblesse; l'indépendance au secours de l'opprimé; la science au-devant de l'ignorance; la charité au devant de la misère; la bienfaisance au devant de la pauvreté; la civilisation au devant de la barbarie. Parce qu'il s'effectue maintenant une noble compensation morale; que les peuples, comme les individus, se rapprochent et cherchent à se compléter l'un par l'autre; en un mot, parce qu'il y a fusion

ÉMILE CUPER.

11 Mai 1863.

<hr>

(1) Napoléon III.
(2) Villafranca.